子どもが喜ぶことだけすればいい

児童精神科医
佐々木正美
100%ORANGE 絵

ポプラ社

子どもは、かわいがられるからいい子になります。
かわいい子だから、かわいがるのではないのです。

子どもが喜ぶことだけすればいい／目次

Contents

Ⅱ きょうだいや友人、たくさんの人に囲まれて子どもの心とからだは成長します【コミュニケーション力】【家族】【友人】

III 子どもは依存と反抗を繰り返しながら自立していきます【親離れ】【思春期】

IV 子どもに対して、すべてのおとなができることをしましょう

【しつけ】【ほめ方・しかり方】【教育】

「子育て協会」のみなさんが語る

佐々木正美先生の子育てによりそうことば

佐々木先生の活動を見届け、ことばや考え方にふれてきたみなさんに、佐々木先生のことばについて、語っていただきました。

作家の赤川次郎さんが、佐々木正美先生の著書に、まえがきを寄せておられます。

「ここに収録された言葉の一つひとつは、子どもを自分の思い通りになる人形だと思っている親たちにとっては鋭い刃《やいば》となるが、子どもと共に悩み、一緒に成長しようと願う親には、このうえなく暖かい励ましの言葉となっている」(『ことばの森』子育て協会　絶版)

「暖かい励まし」と言われています。確かに佐々木先生は励ましの達人でした。私が主宰する「子育て協会」の顧問として、長年に渡ってたくさんの講演や講義をしていただきましたが、先生の言葉の一言一句には愛、そして慈悲が溢れていました。

人間へのエールの言葉を後世に伝えていかなければならない。今の私の仕事、そして人生の中心軸になりました。

「子育ては過保護がいい」。長年の臨床経験の中で気づかれた、先生の確信でした。

「私が言う過保護は、子どもの要求をできるだけ後回しにしないで、スキンシップ、手作りで今かなえてあげることであって、金銭や物品を与えすぎることとは過保護ではなく、大人の満足、過干渉です」。過保護にしすぎてだめになったケースを私は知りません、とも。

先生の「暖かい励まし」は多くの人に希望を与えてきました。「みなさん、どうぞお幸せに」先生の口ぐせでした。

（子育て協会代表・杉浦正明）

佐々木先生との出会いは、私が幼稚園の時に母が私の子育てで悩んだことが、きっかけでした。それからは、母は忙しい中、佐々木先生に教えていただいたことを実践したそうです。今の私があるのは佐々木先生のおかげです。いつも親子で佐々木先生の本を読んできました。今は高校生、中学生の3人の子育てに生かされています。「どうしたらいいかな」と思う時は、本を開くと具体的に明確に答えがあります。佐々木先生の言葉で、「そうだ、大丈夫」と安心と子どもを信じる気持ちが湧いてきます。

（キッズクラブ支援員、幼稚園預かり保育・島田扶美恵）

娘が幼稚園の年長になり登園拒否が始まりました。ちょうどその時、働いていた幼稚園の研修で佐々木先生のお話を伺いました。「あー、娘の泣きの原因は私だった！」とその時の衝撃は忘れません。佐々木先生に「朝ごはんがいいですよ。今日はなにが食べたい？　と聞いて応えてあげたらいいですよ」と教えていただき翌朝から実行しました。過保護と過干渉の違いについて質問しました。「簡単ですよ。過保護とは子どもが望むことをしてあげること、過干渉とは親が望むことを子どもにさせることです。過保護で育てましょう」これは私の子育て・保育の基本姿勢となりました。幼稚園では職員皆で佐々木先生の研修を受け、子どもたちみんなが「あ～楽しかった！　明日もまたね！」と、幸せな毎日が過ごせるように保育を考えてきました。子育てに悩んだり迷ったりするお母様方にも佐々木先生のお話を伝えてきましたが、どれほど多くの方が勇気をもらったことでしょう。

「子どもをかわいがり大好きになってあげてください」それが保育の基本です。定年まで幼稚園で働き、今は保育者養成校で保育を目指す学生たちに、佐々木先生の心を伝えています。佐々木先生と同じ時代に生まれ保育の道を歩んでこられたことに最高の感謝と幸せを実感しています。

（保育者養成校教員・鈴木恵利子）

「〝そのままのあなたでいい〟と言ってあげることこそ、極めて教育的です」30数年前、佐々木先生のこの言葉を初めて聞いた時の衝撃は今でも忘れられません。

そして、今、その言葉が正しかったという確信を多くの卒園生や我が子3人が、私に与えてくれます。

また、「乳幼児期に大切なのは〝お母さんの母性〟です」。ではお父さんは何をすべきか？「お母さんが母性を発揮しやすいように〝お母さんを幸せにすること〟です」。どちらも、私に、保育者として、父親として、進むべき道を明確に示して下さった、ありがたいお言葉です。

（虹の丘 浜竹幼稚園教員・山田昇）

子ども相談室で様々な悩みに接しています。思春期の問題行動の背景には、それまでの育ち方が深く関係しています。子どもの家庭内暴力に悩むお母さんは「子どもの望みをあまり聞いてきませんでした」と話されていました。子どもへの期待が大きく親の望みばかり伝えていたのです。

佐々木正美先生は「乳幼児期には子どもの気持ちや望みを満たしてあげるくらいの気持ちでいて下さい」とおっしゃり、乳幼児期の基本的信頼感の重要性をいつも訴えておられました。また「人を信じることは自分を信じることと同じです」は先生の代表的な含蓄のある言葉だと思います。

　不登校を経てひきこもりになった青年は、友達との遊びやゲームもせずにほとんどの時間を中学受験の勉強に充てていました。人とのつきあい方がわからないと言ってこもっています。

　不登校の相談を受けていると「現代っ子は人間関係の質よりも量が足りない。心が育つためには人間関係がなければ心は育たない。質は思春期になってから、乳幼児期児童期は多くの人と交わることが大切」との先生の言葉が胸に響きます。

　子ども相談で悩みを聞くといつも佐々木先生の言葉が思い出され、もっと早く先生のことを知っていたら心は健康に育っただろうと思ってしまいます。子育てには不安が伴いますが、佐々木先生の言葉を子育てに生かしていただければ、不安なく子どもはすくすく育っていくことでしょう。


（Mind 子ども相談室主宰・高橋健雄）


　私は、なん十回と佐々木正美先生の講義を聞かせていただきました。佐々木先生はいつも、参加者を包むように優しく穏やかに話して下さいました。「お母さん、お子さんをしからないで下さい」と話された後は、反省！

「ありがとうは魔法の言葉、シャワーのように子どもに振りかけましょう」と学び、私は事あるごとに「ありがとう！　ありがとうございます」と言うようにしました。ふと気がつきますといつの間にか、孫が「ありがとう」を自然に返してくれるようになりました。

　そして、「優しい人は強い人」「人を信じることができれば、自分を信じ自分を大切にできる」、何かがおきても乗り越えて行けるということだと思って大切にしている言葉です。幼い頃からたくさんの優しさの中で育つことで愛されている実感が自信になり、人へ優しくすることができるなど、たくさんのことを学びました。

　まだまだ学び足りない私ですが、これから保育者になり、母親になって子育てをしていくであろう学生たちに、佐々木先生の愛の言葉を伝えていきます。

（保育者養成校教員・柳田葉子）

佐々木セミナーの研修で学んだことで、どれだけ親として、保育者として助けられたかといっても過言ではありません。感謝の気持ちで一杯です。

保護者の方々には、お母さんは笑顔を心がけ優しさだけで十分、子どもの言うことをよ～く聞いてあげてください、保育園時代は「抱っこして！」、「お腹がすいた！」、「一緒に遊んで！」、「ねえ私の話を聞いて」をかなえてあげれば、親に無理難題を言うことは決してありません、年長さんになっても保育園にお仕事が終わってお迎えが来た時、お母さんの顔を見るなり「抱っこして！」という子もいます、どうぞぎゅっと抱きしめてあげてくださいと伝え続けています。

乳幼児期にたったこれだけのことをかなえてあげられるかどうかで親を困らせる行動（こっちみて行動）が増えるかどうかにつながっていきます。

でも、お母さんも外で男の人と対等に仕事をこなしてへとへとの日もあります。それをカバーできる力を与えてくれるのがお父さんです。お母さんらしさを発揮できるためには、お父さんのお母さんに対する思いやりが必要です。もし、一人親家庭でしたら、祖父母にたよることがあってもいいと思います。「助かります！　ありがとうございます」と素直に感謝の言葉を伝えるといいと思います。又、子育ては「つ」の付く年齢までにと言われます。どうぞお母さんにしかできないことを手作りでしてあげて下さい。

（真和保育園園長・齊藤いづみ）

ブックデザイン　bookwall
協 力　杉浦正明
子育て協会

I

愛されて育った子どもは
自分のことが好きで
自信をもって行動できます

【自己肯定感】【自信】【個性】

1

子どもはかわいがられるといい子になります

子どもがいい子になるとかわいがるおかあさんおとうさんがいます。

しかし、子どもはかわいがられるといい子になるのです。

いくら抱いても、いくら甘やかしてもいい。子育てで何より大切なのは「子どもが喜ぶこと」をしてあげることです。

2

家庭の中では〝いい子〟でなくていいのです

赤ちゃんの時代は、赤ちゃんの欲求を100％聞いてあげることから始まります。

乳幼児期に家庭の中でしかったり、注意したりせずにすむ〝いい子〟だったら、これは大変な問題です。人間にはさまざまな欲求や欲望がありますし、それをぶっつけあっていけば、〝いい子〟であるはずがありません。それを自由にだせる過程が何よりも大切です。

ですから、子どもの言うことを聞いてあげよう、子どもが望む親になろうという気持ちから出発すれば、同じしかるにしても子どもの意欲や自立を育てていることになってくるのです。今、家庭の中でさえ緊張をよぎなくされている子どもが増えています。上手な子育てというのは、子どもの言うことを聞いてあげられるかどうか、ということがいえると思います。

3

あまりあれこれお考えになりませんように

ただ優しいだけでいいんですよ、おかあさんは。子どもの言うことをよくお聞きになってくだされぱいい。ご自身の言いたいことは極力抑えて、どうしてもということだけちょっとおっしゃればいいと思います。

優しささえあれば、りっぱなおかあさんです。だけど他にどんなに優れた能力をいっぱい持っていらっしゃっても、優しさがなければ……。これだけ思ってください。

4

2歳くらいまでの手のかかる時が大切

生後6か月から2歳くらいの間は、感受性が一番豊かに育つ時期です。鈍感にならずに、子どものことを見てあげてください。

この時期の子どもを育てていらっしゃったら、どうぞ、思いをかけていただきたいです。

5

乳幼児期が大切なわけ

乳幼児精神医学者のロバート・エムディは、思春期以降に不幸な非行や犯罪に陥っていく少年や少女には、それぞれ生後6か月から1歳半の間の生い立ちに、明瞭な共通点があることを発見しました。

この頃の子どもは、恐れを感じるものを目や耳にすると背後を振り返って、自分を見守ってくれる人を確認しようとします。

振り返ったときに、常に見守ってくれる人がいるという状態で育てられ続けた子どもは、心の中に「社会的参照」とか「母親参照」という力が育ちます。これが社会のルールを守り、非行や犯罪を抑止する力なのだといいます。

6

子どもは親と一緒にいることが幸福です

「あなたがいるからわたしは幸福です」

おかあさんやおとうさんは子どもにこう言ってあげられていますか。

無条件でそう言ってあげられれば、子どもは親と一緒にいることが無条件で幸福だと思うのです。

7

子どもの自己肯定感は愛されるから高まります

人間は、愛されているという実感、信じられているという実感、大切にされているという実感を持つことによって、自信と自尊の感情が育ちます。

自尊心の感情は自分一人では育ちません。おかあさんおとうさん、周囲の人たちによって育てられるのです。

8

子どもが喜ぶことをすれば思いやりのある子に育ちます

抱っこをしてあげると満面の笑みをみせる。たかいたかいをしてあげると声を上げて喜ぶ。おふろに一緒に入ってゆったりとおもちゃで遊んであげると、こんなに嬉しそうにしている。子どもが嬉しそうにしている姿を見ることが嬉しい。子どもの好きな料理を作ってあげる。本当においしそうに食べている。自分が作ったという誇りと喜びがある。

こういう気持ちをお持ちになりながら日々育児をされるのがいいですね。子どもが喜ぶことをしてあげることが喜びだ、という感情をしっかりとお持ちになっていれば、子どもは間違いなく思いやりのある子に育ちます。

9

子どもの個性をのばすには過保護がいい

独創的な仕事をした人の伝記を読むと、多くの場合、親に慈しみ愛されたとあります。それは本当なのです。本人のペースで卒業できるまで待っていてくれるので、本当の自立をしていくことができるのです。まわりの大人の評価を気にして、顔色を見ながら生きていないので、独創的に生きることができるのです。

自立、自主性ということは、基本的にはそういうものです。大人の規範に早くからはめてしまえば、そしてそれが一見うまくいってしまえば、それは大人にとって楽なだけです。けれども、ある意味で、その子の将来への期待は小さいということになってしまうのです。

10

過保護でだめになった子どもを、わたしは知りません

わたしは過保護で子どもをだめにした事例を知りません。

問題なのは怠惰な放任か過剰干渉で、過保護なことではありません。

小さなことでも、自分の願いを聞いてくれたという経験の量が大切です。

11

親として
わたしが
気をつけてきたこと

わたしは親として、自分の子どもだからと思って信じてきました。

それと同時に、自分の子どもだから過剰な期待は慎みたいとも思ってきました。

12

親自身が誰かに受け入れてもらえているかが大切です

自分の言うことをよく聞いてもらった後でなければ、人の言うことを聞けるようにはならないのです。子どもも大人と同じです。愛されてきた人しか、人を愛することはできないように、自分の言うことをよく聞いてもらってきた経験を持たない親は、幼い子どもの言うことをゆっくり聞いてあげることはできないのです。親自身がくつろぎを感じられるような人間関係を経験されることが必要なのです。

13

親が孤独であってはなりません

人間は孤独であると人間的な感情を持ちにくいという特性があります。多くの人に寄りかかり、多くの人に支えられて、そして自分も多くの人を支える。そういうバランスの上に人間らしい感情が持てるのです。だから大勢の人とよい人間関係をしっかり持っている人が、子どもに対してもよいしつけができるということになります。

14

条件をつける愛情は時に否定になります

幼児期から子どもの将来を心配するような愛情はいけません。将来を心配するのは、子どもが大きくなってからでいい。今が大切なのです。

子どもには条件つきでない愛情をかけてあげることです。愛情に条件はありません。この次はがんばりなさいというのは、時として現状の否定なのです。

15

子どもにとっての愛情が親の欲望であってはいけません

子どもは自分を好きになれなければ、友だちを好きになれません。自分のことを好きになれる子どもは、十分に愛されている子どもです。十分にとは、できるだけ条件をつけないでということです。

何かがよくできるようになったら喜んであげるなどという、親の身勝手な愛や欲望にもてあそばれることがないように。

16

子どもに「信じてるよ、大好きだよ」といつでも言ってあげてください

人から信じてもらえなければ、人間は自分を信じることはできないのです。

人から本当に大好きだよと言われなかったら、自分で自分のことを好きになることはできないのです。

17

子どもは親に信じられていないと、自分を信じることができません

子どもは自分を信じてくれる人を信じます。
信じられている自分を信じます。
やがて信じてくれた人以外の人も信じることができるように発展します。

18

子どもは遊ぶことが仕事です

大人にとっては仕事、学生にとっては勉強することが大事です。同じ理由で子どもにとっては遊ぶことが大事です。遊びを抜きにして健全な人格形成はあり得ません。遊びは人間になるための訓練をしているといえます。

19

誰かに好きになってもらえて初めて、自分を好きになれます

自分のことが嫌いな人は人のことも好きになれません。自分のことが嫌いだということは、自分のことを心から好きになってくれた人がいないということです。人は、自分のことを心から好きになってくれる人がいて初めて自分で自分のことを好きになれるのです。そして同時に、自分のことを好きになってくれた人を無条件に好きになれるのです。

20

子どもを丸ごと抱きしめる〝母性性〟

家庭で子どもを健全に育てる機能の中に、母性性と父性性というものがあります。

母性性というのは子どもや家族に安らぎとくつろぎを与える力です。受容する、承認する、許容する力です。そのままでいいよと言ってあげられる力です。家庭がくつろぎの場で、うちに帰りさえすればほっとする。父子家庭でしたらそれはおとうさんが発揮しなければなりません。

21

社会で生きていく力を養う〝父性性〟

父性性というのは、法律や義務や責任を教える力です。こんなことではいけない。こうでなければいけない。そういうことを子どもに伝えてあげる力が父性性です。母子家庭のご家庭では、おかあさんがそういう役割も果たさなければなりません。

もちろん父性性はおとうさんひとりで担うものではありませんし、母性性はおかあさんひとりで担うものではありません。またおとうさんが母性性を、おかあさんが父性性を発揮しているご家庭もあるでしょう。

このふたつの力がなければ家庭は子どもをちゃんと育てることができにくいのです。そしてとても重要なことは、バランスではなく、順序が大切だということです。母性性が子どもに十分働いた後でなければ、父性性を受け入れることができないのです。

22

子どもと向き合うときに注意しなければならないのは自尊心を傷つけないこと

教育やしつけに最も大切なことは、子どもの自尊心を傷つけないということです。何を教えても、子どもの自尊心を傷つけてはだめなのです。自尊心をずたずたにされている子どもたちがどれほどいることでしょう。

23

自信のある子は外でしっかりとふるまえます内弁慶でも大丈夫

心が健康な子どもほど親の前では悪い子で、他人の前でいい子になれます。親に十分に愛され、たくさんの手をかけてもらってる子どもは自信がありますから、外でしっかりとふるまえます。反対に家で十分手をかけてもらっていない子どもは外ではいい子になれず、他人に手をかけさせることになってしまいます。

24

まずみんなと一緒が安心です

みんなと同じということが、子どもたちのなかに安心できるほど伝わって、自分もそのことを認識する。友達から受け入れられ、自分も友達に受け入れられる力が育った後で、少しだけみんなより得意なことがあるといいということなのです。順序が大切なのです。

25

みんなと一緒の後に、その子が得意なことを見つけてあげる

「みんなと同じ」が先です。その後で、「みんなより得意」です。

母性性が十分与えられて、「そのままでいいよ」ということが十分伝わった子どもに、父性性——社会のルールを伝えていく。順序が大切なのです。

26

自分を信じる力は人を信じる力からしか湧いてこないのです

自信を持っている大人は、必ず人を信じる力を持っています。

なぜなら、自分を信じる力というのは、人を信じる力からしか湧いてこないからです。

日々を大切に生きる人はみな、自信を持ち、人を大切にして生きていますよ。

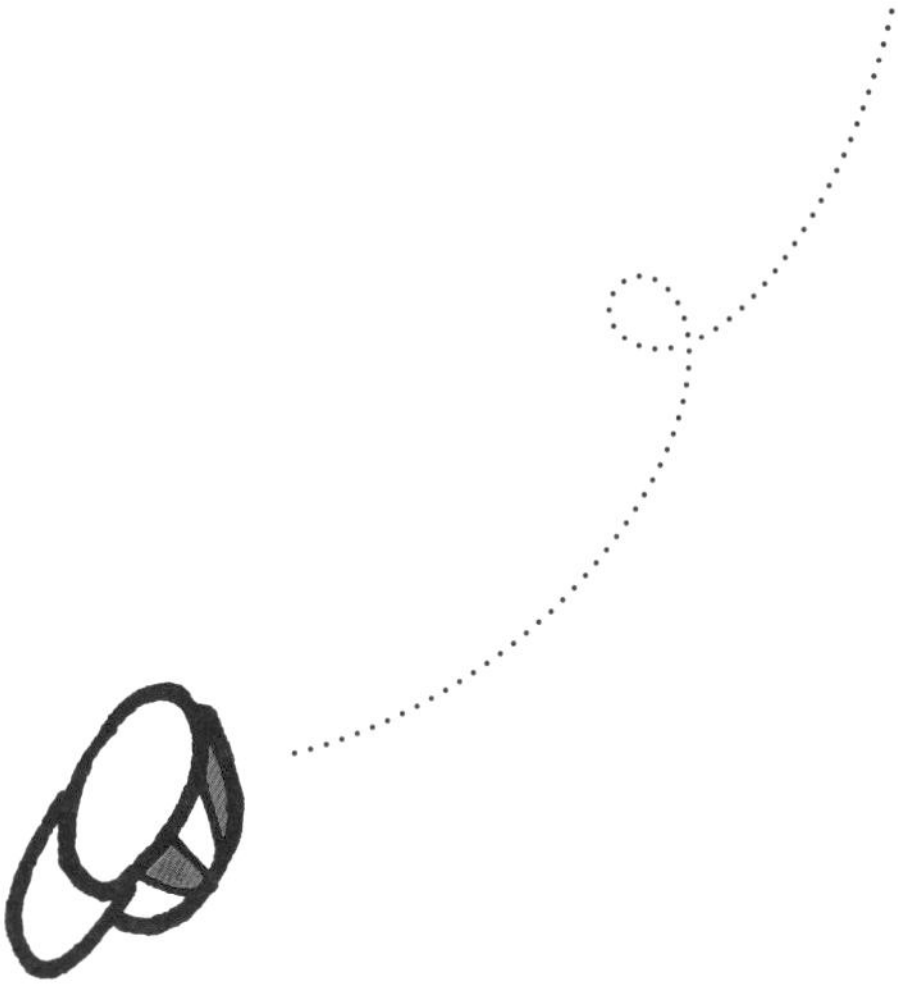

人を信じることが自分の自信になるのです

何かができるということは、残念ながら人間が生きていくうえでの自信にはなりません。このことはよく知っていただかなければなりません。

人間というのは、人を信じることができる時に自信になるわけです。これは心理学者のエリック・H・エリクソンが常々指摘したことです。人を信じることなしに、自分を信じることはできません。だから自信を持っている人というのは、何かがよくできるというより、人を信じることができる人なのです。人を信じることができる人というのは、自分を信じてくれる人がいる人なのです。

ですからみなさんが、ご自分のお子さんに豊かな自信を与えようと思われたら、信じてあげさえすればいいんです、自分の子どもを。

これが簡単なことではないんです。たとえば、自分の子どもを本当に信じていらしたら、口うるさいことを言わなくてすみます。もし誰かに口うるさいことをおっしゃるとしたら、その人が信じられないから言っているんでしょ。こうでなくちゃだめ、ああでなくちゃだめだと思っているから言うのです。本当に信じることができたら、その人に向かってあれこれ言わないのです。

なんとか信じられる子どもにしたいと思っている、ということはまだ信じられないということです。これが最悪なんですね。

で、なまじ勉強ができる子にめぐり合いますと、もっとできればいい、もっとできればいい、もっとできなければだめだ……と、なるんです。絶えず上がいますから、世の中には。これが不幸の始まりですよ。１００人中50番や70番の子どもは、がんばったって45番になったり65番になったりする程度ですから、いいのです。まあ、それでいいよ、と言ってあげられるから、すごい自信とは言えませんがそれなりの自信が持てるのです。

ところが3番とか5番は悲劇ですよ。ひとつがんばれば2番になれるとか、もう少しがんばったら1番になれるかもしれないと。これは比喩的な話ですが、そんなことではまだだめだ、と言われ続けていることに等しいのです。

「そのままでいいよ」と言ってあげることは難しい、それでも言ってあげてください。

ただ、家庭の中になくてはならない機能というのがあるんです。たとえば私の言う母性性というもの。ありのままを承認する。「それでいいんだよ」と子どもに言ってあげる。これがなかったら子どもの中に生き生きしたものが育ちませんから。子どもが生き生きしないというのは、一言で言えば母性性の欠如した環境にいるということです。何かがよくできる子どもになるのかどうか、そんなことを言っているのではないのです。

まず、生き生きするかどうか。自分に自信を持つかどうか。誇りを持てるかどうか。自分で自分を好きになれますか、ということです。子どもは10人いれば十人十色。１００人いれば百人百色。みんな違うんです。自分で自分のことを好きな子どもと嫌いな子どもがいるんです。はっきり分かれるんです。自分に対して自信の持てる子と持てない子がいる。心理的におどおどしている子と、しないで済む子がいる。そういうことに対していろんなレベルがあります。

短時間のお話ですからわかりやすく申しますと、自分を信じている子ども、自信のある子どもというのは、必ず人を信じている子どもなんです。人を信じる最初の対象は、母親です。または母親の代わりの人です。母親に対する信頼感がその子の自分に対する信頼感の源、土台です。それくらい大切なんです。そのままでいいんだよ、というメッセージ、母性性が大切なんです。そういうメッセージが十分伝わった後で初めて、大きくなればこういうふうにしなくてはいけないんですよ、という父性性を伝えていくわけです。別におかあさんひとりが母性性でおとうさんひとりが父性性というわけではありません。私の中にも母性性がありますし、おかあさんたちの中にも父性性はあります。ですからひとり親でも、十分健全な育児はできるんです。

私はここ十数年来、どんどん母性的になってきたと言われています。そうだと思います。実際に出会う少年とかご家族の問題を考えた時、根本はほとんどが母性性の欠如ですから。つまり優しさの欠如です。そのままでいい、と言ってあげられる、おおらかさの欠如です。

Ⅱ

きょうだいや友人、たくさんの人に囲まれて子どもの心とからだは成長します

【コミュニケーション力】【家族】【友人】

27

たったひとりの子どもを育てるにもたくさんの知恵と力が必要です

アフリカのことわざに、たったひとりの子どもを育てるのにも村中の人の知恵と力が必要だという言葉があるそうです。子どもが子ども同士仲間を承認しあうためには、まず自分が一方的に承認されたという経験を持っていなければなりません。ところが、子どもを一方的に承認することが一番できないのは、実は親なのです。

28

人間関係はまずは質より量が大切です

体の成長には食物の栄養が大切なように、心の成熟には人間関係が大切です。

少年の心の成長のためには、人間関係の質よりまず量が大切なのです。現代っ子は、少年時代に人間関係の量が足りません。量より質が大切になるのは、思春期になってからです。

29

人に受け入れられたら人を受け入れることもできます

人間というのは人に受け入れられてから、人を受け入れられるようになります。

幼児でも自分の欲求が受け入れられている子は、幼いなりに他の子を受け入れることができるのです。

30

子どもは親だけでは育てきれません

子どもが赤ちゃんのうちは夫婦だけで子育ては可能ですが、ヨチヨチ歩きだしたらもう子どもは親だけでは育てきれません。いろんな人と手分けをする必要があります。自分の子どもを一緒に育てるような気持ち。そして、他の人にも自分の子どもを育ててもらう気持ち。この連携が大切です。みんなで育てるという感覚にならなければ絶対に子どもはよく育たないと思います。

31

人間は相互に依存しあうものです

人との関係のあり方を学ぶということは、人間同士の相互の依存のあり方を学ぶことですが、これは親から子へ一方的に教えるというものではありません。なぜなら、親も子どもに依存しながら生きているからです。子どもは親に笑顔を見せたり、おしゃべりをしたり、発達したりして、親にたくさんの喜びを与えているわけです。きょうだい、夫婦、親子もみんな、人間関係というのは相互に依存しあっているのです。子どもも子ども同士で、相互に依存しあっているのです。

32

人と交わる力を育ててください

子どもが希望を持って、意欲を持って、生きる価値を見出して生きていくためには、まず人と交わる力をお育てになることです。

人と交わる力とは人を信じる力です。ご自分のお子さんが今誰をどれくらい豊かに信じて生きているか、お考えいただきたいと思います。おかあさんを心から信じていますか。おとうさんを信じていますか。友達や先生をいろいろな程度にしっかり信じることができるように育っていますか。

33

家庭は人間関係のきほんを学ぶところ

家庭は子どもたちにとって、まず自分が愛されていることを知る場であり、人を愛することを学ぶ初めての場です。そのことは同時に人間関係を学ぶ初めての場であり、それを基盤に子どもたちは社会的存在として育っていくのです。ですから、家族はその構成員が社会的存在としての人間になるためにそれぞれの役割を持ちながら支援しあう集団といえます。

そのことを可能にするためには、まず、親がどれくらい豊かに近隣の人たちを含めて人々と人間関係を持ち、地域社会をはじめ、もっと広く一般社会に開かれた存在として生きているかということが重要な意味を持ってきます。

34

共感する力は、家族関係の中で育まれるものです

共感性というのは、親子の間で育ち、家族間で育っていきます。その間ではけんかがあったり、仲直りがあったり、助けられたり助けたり、感謝をしあったり尊敬しあったりして育てていくものです。そういう経験や体験がないと、人に対する共感性は育ちません。相手の立場になるような感情や感性を持たないまま大きくなってしまうことは、人間として悲しいことであり、不幸なことであり、恐ろしいことです。

35

家族は外の世界から守られたシェルターであるべき

家族機能として大事なテーマは、社会から隔離された、安らぎとくつろぎの場所を提供しあうことです。社会的な人間関係の喜びは、やはり緊張を伴うことが多いものです。

そのためには、肩の力をすっかり抜いて、弱点や欠点を安心してさらけ出せる憩いの場としての家庭が必要になります。健全な社会人は健全な家族関係から生まれると言われるのは、そういう意味からなのでしょう。

36

仲間と遊ぶことの価値を親が教えてあげてください

どういう時に本当の友達ができるかというと、何か熱中する共通目標が見つかった時にできるのです。子どもたちが自然に、仲間と楽しく興奮しあってコミュニケーションをしてきた時代もありましたが、現代っ子のなかにはそれができない子もいますので、親たちは関心を持たなければならないのです。仲間と遊ぶことの価値を、先生も家族も再認識しなければならないと思います。

37

きょうだいげんかはどう終わらせるかを気にしてください

「きょうだいげんか」は子どもの心のなかにある、攻撃性、向上心、征服欲、協調性、社会性などの大切な人格要素に人間的な磨きをかけるために、不可欠ともいえるほどの健全な生活の営みなのです。

ですから、親は「きょうだいげんか」をなるべく少なくさせようとするのではなく、そのつどどのように終わらせてやろうかとするほうに、意を尽くすのがよいのです。

38

しかることと注意することは違います

私は子どもたちが何か不祥事をしでかした時に「どうしてこんなことをしたのか」と問いつめるようなことは絶対に言わないように気をつけてきました。「おとうさんだって、そうしたい時があるんだよ。だけど我慢をしたんだ」と言ってきています。

　また「おまえが異質の人間で、おとうさんが立派な人間だよ」などと言ったこともありません。「そういうことをしたい気持ちはだれにでもあることなので、おまえが悪いとは思わない。だけど、我慢できないということは少し弱虫だったんだ」「もう少し強くなれたら、おとうさんは嬉しい」と励ましたことはありますが、おまえはだめで、親はきちんとしているといったたぐいのことは絶対に言わないできました。

　しかるのではなく、注意するだけです。

39

自分の言うことを聞いてもらって初めて、人の言うことが聞けるようになります

自分の言うことをよく聞いてもらった後でなければ、人の言うことを聞けるようにはならないのです。それは、子どもも大人も同じです。愛されてきた人しか人を愛することはできないように、自分の言うことをよく聞いてもらってきた経験を持たない親は、幼い子どもの言うことをゆっくり聞いてあげることはできないのです。

40

子どもたちを比べ、点数をつけてはいけません

人は人と生き生きと交わりながら意欲や希望を見出していきます。そのうえで勉強もできたら、それはもっと強く生きる力になると思うのです。しかし、子どもたちに仲間との競争を強いてはいけません。仲間とは協力しあうのです。子どもたちが強い仲間意識を持てるようにお育てになってください。

41

休み時間の落ちこぼれには気をつけてあげてください

授業中の落ちこぼれは、社会人になったときに案外困らないものです。

けれど、休み時間の落ちこぼれは、社会人になってからの落ちこぼれになります。社会人になれない恐れさえあります。

42

おばあさんおじいさんに存分にかわいがってもらってください

祖父母というのは孫が喜ぶことをしてあげて、孫がニコニコしていると自分もうれしいのです。喜びを分かちあう感情は親よりも祖父母のほうが上手なこともあります。近くに祖父母がいるなら終始行かれるといいでしょう。ただし大切なのは親と祖父母の仲がよいことです。親がその親と仲がよいというお手本を見せていれば、子どもはよい影響を与えられ、仲のよい親子関係を築いていけることでしょう。

43

祖父母だから子どもたちを無条件で承認してあげられるのです

親はなかなか「そのままでいいよ」というメッセージを子どもに伝えることができませんが、祖父母にはそれができるのです。祖父母にとって孫は無上にかわいいのです。祖父母のよさは無条件に承認するということです。それは子どもにとって大きな力になるのです。

44

思春期の子どもは親の言うことを聞かなくて当たり前です

思春期は人の評価が気になる時です。それもとりわけ友人の。この時期の若者にとっては、友人の意見や同意が最も重要な行動指針となります。次いで信頼できる先生のそれで、親の考えはなかなか採用されないのが常なのです。

45

おかあさんおとうさんは子どもの反抗もお楽しみに

子どもは自分を確立していくために、絶えず依存と反抗を繰り返します。

私は自分の職業のせいもありますが、子どもの反抗を楽しみにしていました。そして実際に反抗期が来ると「やってるやってる。なかなか手強いぞ」と、内心、反抗期の次にやってくる成長を楽しみにしたものです。

46

まずは自分を大切にできること。自分を大切にできれば人も大切にできます

自分を大切にする人は、必ず人を大切にしています。人を愛することができる人は、自分を愛することができる人です。人を粗末にする人は、同時に自分が大切にされてこなかったということに通じます。

友だちとの関係が社会的な勤勉さと関係しています

心理学者のエリクソンの発見というのは、本当にすごいと常々思っております。こんなによく人間をみつめることができたものだと思うのですが、人間が社会的に勤勉に生きていくために必要な基本的な用件は、小学校の頃に身につくといい、人を心から信じることができるかは、乳幼児期に身につくといいました。

　どうしたら小学校の頃に社会的に勤勉に生きていく資質が身につくかというと、それは友達からものを学ぶことです。友達にものを教えることです。これをエリクソンは繰り返して言いますね。小学校時代の数年間、友達から豊かにものを学べた子どもたち、友達に自分の知っていることをたくさん伝えることができた子どもたちは、疑いもなく成人したときに社会的に勤勉に生きていくことができる。どういう職業につくか、何ができるかは別であります。ところが、小学校時代に友達からものを学ぶことや、友達に教えるという経験が乏しかったとしたら、社会人として勤勉に生きていくことはほとんど不可能です。エリクソンは長い臨床試験からそういうことを発見するのです。

だけど、彼がそのことを学術論文として報告した時代に世界中の大半の子どもは、友達からものを学ぶ、教えるなんて上手だったんです。友達からものを学べない子どもが、大人になるといかに社会参加できないかはっきりわかるようになって初めて、こんなことをエリクソンはあの時代に言っていたのか、と我々凡人は知る。だから小学生、あるいは中学生が大人や先生から何をどんなに学んだって、そのことが直接社会的に勤勉に生きていくための資質や能力にはならない。社会的に勤勉に生きていける資質を持った人が大人から学んだことをいっぱい持っている、これは有効であります。だけど、逆は真にならないのです。だから偏差値の高い学校の生徒の方が、自殺率が高いこともあるわけです。成績がよいことが、必ずしも社会的に勤勉に、自信をもって生きていけることにはならないのです。

自信というのは、人を信じる力です。人を信じる力というのは、人から信じられることなしには身につかない。じゃあ、だれが自分を信じてくれたのですか、とこういうことになります。

たとえば小学校時代に仲間と、陣取り遊びをする。一生懸命協力しあって、大人から見ればろくでもない遊びですよ。それを仲間と一生懸命夢中になって協力して、勝ったの負けたのやっている。このことがどんなに仲間を信じる力、社会的に勤勉に生きていく力の基盤になるかわからないのです。

こういうことを自然に身につけなかった人には、その意味がわからない。せっかく偏差値の高い大学に入って、なぜ大学に通学できないのか、なぜ授業に参加できないのか。本人がわからないのですから。自分で自分が説明できない。ひきこもっている若者に、なぜひきこもっているのか聞いても、本人は理由を語れないのです。出て行けないんです、なぜか。出て行ける人に、なぜ君は出て行けるのかと言っても理由がわからないのと同じですよ。どうして友達と遊べるのかと聞いても、遊べる子は遊べるんですから、理由など説明できない。

それと全く同じで、友達と遊べない子にどうして遊べないのと言っても、遊べない子は遊べない。どうして友達にそんなひどいいじめ方をするのかと言っても、本人はそうしかできない。どうしてそんなささいなことでキレてしまうのか、と言ったって、キレてしまうのだから仕方がないんです。こういうものは、人格の骨の髄のようなところで身につくものでありまして、どうにもしようがない。どうしてあなたには絶対音感があるのですか、と言われたって、ある人にはある。ないものはどんなに練習しても身につかないのです。

②

仲間の中で子どもは育ちます

皆さん、どうしても優先して育てなければならないことは、友達を信じる力ですよ。友達から信じられる力ですよ。友達からものを学ぶことができる感性です。友達にものを教えたくなる衝動です。そしてそういう友達に恵まれることでありますよ。こういうことを一生懸命努力しなければならないんです、大人たちが。

かつての大人はそんなことしませんでした。子どもが自然にやりましたから。今の子どもはできないんですよ。どんなに不幸なことか、ということでもあります。遊びができなくなりました。ちょっと前に子どもは、勉強はちょっとできました。ところが今は、ついに勉強もできなくなりました。そして友達とも遊べなくなった。両方できなくなった。一般論ですよ。そうでない人もいっぱいいます。

どちらを先に心がけたらいいか、というと、仲間と遊ぶことです。仲間と共感しあうことです。逆をやったらどんどんだめになっていきます。そういうことに私たちは心から気がつきませんでした。おおよそは知っていても。

私は理論的には学んで知っていたので、努力はしました。子どもに親戚のおじさんの家によく行くように言いました。

実家のおじいちゃん、おばあちゃんのところにもよく行くように言いました。だから自分も甥や姪をひきとって、あれこれ一緒に行動したものです。自分の子どもと海水浴に行くとき、きょうだいの子どもも一緒に誘ってよく行きました。そういうことに意味があるからです。おじさんやおばさんに連れられて、いとこたちと行動する。ご近所の何家族かで何かをする。そこで親の都合がつかなければ、子どもだけ借りていく。そういうこともよくやりました。

子どもというのは、たとえば皆さんが動物園やナイター見学などに子どもをお連れになる時、親しくしているよその子と一緒に行くと、わが子の行動がこうも違うものなのかとわかりますよ。親とだけ行くよりは、はるかに生き生きしますから。あるいは別の表情を見せます。子どもたちにはそういう感情や表情が必要なのです。

III

子どもは依存と反抗を繰り返しながら自立していきます

【親離れ】【思春期】

47

子どもは親の思いどおりにはならないものです

子どもを何人も育てていると、子どもの育ちかたはなかなか親の思いどおりにならないことがわかってきます。

それから、親のほうでは同じ気持ちで育てているつもりでも、子ども一人ひとりが全然ちがった子になります。子どもはそれぞれが、異なった遺伝子の組み合わせを両親から受け継いでいます。子どもはみんなちがった個性をもって生まれてくるのです。

48

子ども時代は勉強より遊びを！

子どもが勉強で創造性を高めることは滅多にありません。

それは遊びの中で育っていきます。

子どもは遊びの中でこそ、体力や知力の限界にチャレンジすることができます。それは、自己像を作っていくためにかけがえのない行為なのです。

49

子どもは遊びの中で社会のルールを学んでいきます

子どもは遊びの中で、約束ごとを守りながら、自分の考えや希望をとおしていくことを学びます。

子どもは仲間と生き生きと遊ぶ過程のなかで、想像、願望、思考、計画、創造といった精神機能を発達させながら、将来モラルとなるものを育ませていくのです。

50

倫理観や道徳観は、遊びの中で育つもの

どんなに勉強してもルールは学べません。道徳性・倫理性というものは勉強するだけでは身につかないのです。道徳性・倫理性をともなった人格の発達のためには、はるかに遊びが大切なのです。

仲間と本当の遊びに熱中しあう体験なしに、社会のルールを守ることや倫理観、道徳観は育たないのです。

51

子どもらしく
遊ぶための環境は
大人が作りましょう

ゲームばかりしてないで友達と遊んできなさいと言っても、そうできるぐらいならしているのです。できる環境を、地域社会、学校ぐるみで考えなければならないし、そのためにPTAがあると思うのです。

子どもはひとりで育つのではなく、仲間と育ちあうのだということ、育ちあう環境を作ってあげなければ自分の子どもも育たないということ、すなわち、自分の子どもと一緒にまわりの人が育ってくれなければ困る、そういうことをどの親もそれぞれしっかり認識して、学校やPTAで本気で取り組まなければいけないと思います。

52

感性の豊かな子どもに育てたいなら、子どもに「ありがとう」の気持ちを伝えられる大人になりましょう

本当に感謝できる人は、自分も感謝されることを経験しているもので、この両方は切り離せないものです。しかし、ある程度意識的に感謝する生活を練習することも必要で、日常的に些細なことに感謝することから始めるのがよいと思いま

す。子どもが面白い話をしてくれる、この子もこんなに成長してくれたということなどを喜ぶのであり、感謝するのです。大げさなことではなく、与えられた恩恵を感じることが大切で、ある種の〝感性を磨く〟ということになるでしょうか。ちょっとしたそぶりに安らぎや「ありがとう」という気持ちを感じる心を持ちたいものです。

子どもにとっては、そういう感性豊かな親や先生、そういう感性が育てられている友達を持つ持たないで、大いに違ってくるのです。豊かな感性のない大人が子どもの感性を育てるということはあり得ないのです。

53

人間は感謝と尊敬という
感情ぬきには、
健康には生きられないものです

感謝とか尊敬という感情は、親が自ら誰かに感謝したり、誰かを尊敬したりしている機会を日常生活の中で見せておかなければ、子どもの中に育つはずはありません。

今日の子どもたちにそういう感情が希薄になっているとしたら、子どもをとりまく家族の人間関係の乏しさによるとも言えます。個人は家族に所属し、家族は地域社会に所属することを考えると、家族同士の人間関係のありようによって、地域社会のありようも決まってくるようになります。そして、自分の家族がいかに地域社会に開かれた家族であるかということも、子どもが健全に育つ上で、特に社会人として育つ上で重要な意味を持つのです。

54

要求がかなえられた子どもは、みんな自立します

基本的には、子どもの要求をかなえてあげればあげるほど、子どもは本当の自立をしていくのです。こちらの要求を一方的に伝えれば伝えるほど、ある種の我慢を強いるということになります。

子どもが小さい時は、まわりが努力をして育てるということがよいのです。まわりがラクをすると、子どもが大きくなった時にまわりがラクをできないのです。

子どもが幼い時に、どれだけ手をかけ、心をかけ、聞いてあげるかということです。子どもの言うことを聞いてあげすぎたから子どもが自立しないということは絶対にないのです。

子どもはみんな自立したがっているのです。

55

自立は、ひとりで何でもできることではありません

自立とは、ひとりで何かをすることではありません。人と共感しあい、協調しあって生きることです。人間というのは人に受け入れられてから、人を受け入れられるようになります。ひとりでなんでもやっている子どもは孤立です。

56

優越感は真の自信にはなりません

ほかの子どもより何かがよくできることによって自信のある子に育てようというやり方の育児は、子どもに本当の自信を育てることはできません。

もっとよくできる人の前に出ると、劣等感に変わってしまうのです。さらに悪いことには、自分より何かができない人の前では、その感情は優越感に変わってしまうことになるのです。

57

自立とは周囲に頼れることです

子どもの自立心を育てるということは、周囲の人に頼ることを教えることなのです。

自分では何もできないときに周囲の人に手をかしてもらったことが、自立と深く関係しています。

58

向上心は自信から生まれます

向上心は自信から生まれます。自信は他者への信頼から生まれます。

他者への信頼感は愛されることによって生まれます。

人よりも優れているということは、生きていくうえでの自信にはなりません。

59

親だからこそ子どもの希望をかなえてやることが難しいこともあるのです

親だけで育てたらうまくいかないこともあるのです。親は将来の子どもの幸福を考えますが、まだ小さな子どもは、今幸福でなければ将来に夢や希望は持てないのです。将来のために今がまんして勉強する、習いごとをする、というのはいくら早熟な子どもだって理解するのが難しい。そういう感情を持てる前に希望を壊してしまうこともあるのです。

60

「どうして」と言うのは、親がいらいらしてるからです

子どもが失敗してしまった時、「どうして」という言葉は言わないであげてください。まして幼い子どもの場合はいっそうですね。こちらが理由がわからないことを幼い子どもに聞いてもわかりません。

「どうして」と聞いてしまうのは、たいていこちらがいらいらしている時です。

61

友人がいなければ、自立できません

「わたし」というものは、他者のイメージを自分の中にたくさん取りこむことによって、初めてできてくるのです。

他者との境界線を、他者との相違を見出すことによって、自分というものを作り上げていくのです。

62

何をしなければならないか、と考える子どもはかわいそうです

何をしたいかと考えるより、何をしなければならないかということばかり考えている子が多くなりました。子どもは小さい時は、やりたいことを優先することが大事です。そのことが自主性、主体性、創造性のもとになります。大きくなるにしたがって、自分がやりたいことは我慢しなければならないことが多くなるでしょう。

63

子どもが
嘘をついてしまっても大丈夫。
どんなことも〝程度〟が大切です

子どもに限らず人間は、誰もが嘘をつきます。それは傷つきたくないからです。だから子どもが嘘をつくようになったら、それは自尊心、誇り、プライドなどと呼ばれる感情がはっきり芽生えてきたという証拠です。

嘘はいけないことだと教えるのは大切ですが、途方もなく悪いことだと強調しすぎることも、どうかと思います。どんな内容の、どの程度の嘘までが許容されるかを、じょうずに教えてやることが必要です。

64

親離れするタイミングは、子どもが親を信じられるようになった時

親から離れられない子どもというのは、おかあさんから離れられない子どもです。おかあさんが大好きだから離れられないのではなく、おかあさんを本当に大好きになれるまでは離れられないということです。

時間のかかる子もいると思います。持って生まれた性格や体質、素質があるでしょうから。

わたしは、幼い子どものことをみなさんと話し合う時に、「信じる」という言葉と「好きになる」という言葉を同じように使うことが多いです。おかあさんを信じることができるようになったら、ある程度まで離れていくことができるということがあるのです。

おかあさんに十分安心できるかどうかということなのです。

65

子どもは依存しながら反抗するもの。親はそれを受け入れるもの

子育ての厄介さは、親に依存してきながら、それでいて反抗してくることです。ですから親は、子どもにあまりよりかかられるとひどく重く感じ、反抗されるとイラ立ったりします。親業とは大変な仕事だと思います。けれども、反抗でさえ、喜びにならないといけないと思います。

66

反抗の後には成長がやってきます

反抗の後には急激な成長があります。幼児の反抗など、ことのほかかわいいものです。

「ああ、やっているな」と成長を楽しみに思えばいいのです。

一生反抗する人などめったにいないでしょう。

67

そうせざるを得ないから、子どもは非行をするのです

非行とはわざとやる行為ではなく、そうせざるを得ないからのことが多いです。

突き詰めれば、本人だけの責任とはいえない複雑な理由からなる、大きな欲求不満が背景にあります。

親は子どもの踏台になってこそです

子どもは親を踏台にして成長します。だからこそ、しっかりした踏台が必要です。

子どもは依存と反抗が足りないと成熟できません。依存も反抗も受け止められる親になりましょう。

69

友達とまた遊ぼうねと元気に言えればそれで上出来です

友達と真っ暗になるまで遊んで、また明日遊ぼうねって、残念がって帰るような幼年期から少年期を過ごせば、まず「ひきこもり」はなくなるでしょう。

今日一日、楽しいことが起こる予感がなければ、朝も目覚めが悪いでしょう。

人を尊重することは、自分を尊重することです

たぶん、皆さんがご自分のお子さんだけに大きな視点を当てていたら、お子さんは豊かには育たないと思います。私たちの子どもは、一般の社会の中で生きていくのです。ということは、人との関係の中で生きていくのです。人との関係と簡単に言いますが、それはどうしたらできるかというと、人

を信じる力がある時できるんですよ。人を信じることがなければ、ひきこもらざるを得ないです。人を信じることは、自分を信じることにつながるんです。

心理学者のエリクソンはすごいことを発見しました。自分で自分のことが好きな子どもは、人のことを好きな子なんです、と言いました。だから自分の好きな人に恵まれなかったら、子どもたちは自分を好きになれないんです。自己嫌悪です。これは怖いでしょ。思春期、青年期に自己嫌悪に陥った若者というのは、ひどいひきこもりをしてしまう人もいるでしょうけど、他者を自分より嫌悪するんです。これが怖いのです。人のいのちを粗末に扱う。他者嫌悪であります。自己嫌悪よりももっと強いわけです。

ですから、自分のいのちを粗末にするのは、朝飯前のように粗末にしてしまう。自分を傷つけます。だけど、人をもっと傷つけるのであります。

自尊の感情がしっかり育っていると、他者を尊重します。人を尊重することと、自分を尊重することは、同じことなんです。健康な自尊心は、人を尊重することによって育つ。そして自分が尊重されることによって育つ。

皆さんは、ご自分のお子さんを尊重していらっしゃいますか。尊重したら、むやみに相手の自尊心を傷つけることなんて言ってはいけないんです。けっこう言っているんです、これが。何度言えばわかるの、とか。ということは、あなたは何度言ってもわからない子だね、と言っているんです。いかに自尊心を壊しているか。自尊心を壊す怖さというのは、人を壊すことです。

IV

子どもに対して、すべての大人ができることをしましょう

【しつけ】【ほめ方・しかり方】【教育】

70

子どもは神からのあずかりもの

子どもは神からのあずかりもの。そういうふうにみれば、親と子は別の人格です。親が勝手にあれこれできるものではありません。

誠心誠意しなければならないことがたくさんあります。

71

怒ることは簡単なこと、それでは自立心は育ちません

幼い子へのしつけは、できるだけ怒らないですることが大切。怒ることはやさしい。怒らないほうが難しい。ご飯を作ったり、洗濯をしたりするのと同じように怒らないでやることです。

しつけというのは結局のところ、禁止や強制から始まります。「こうしなさい」「これはいけません」ということです。しかし、大事なことは、それがいつできるようになるかを楽しみに待ってやるということです。子どもの自立心は、待ってやることで、はじめて育ちます。誰かが律するものではありません。

72

子どもにかかわる大人たちは子どものいいところを見つけて伸ばしてあげてください

どんな子にも必ずいいところがあります。いいところを見つけて伸ばしてあげる。これが教育です。弱点は容易に修正できないのですから。

先生には指導者という名のもとに、正しいことを教えすぎていることがあります。薬にも適量があるように、与えすぎて副作用の弊害を起こすことを知らなければなりません。

73

おむつを換える時は子守唄を歌うように声をかけましょう

おむつを換える時でも、子守唄のような、情緒的なつながりを大切にして言葉をかけることが大切なのです。

それが子どもの心を開き、子どもの言葉に対する感受性を育てていくことになるのです。

74

乳幼児期の子どもと寝る時はすぐ隣で

子どもにとって夜は寂しくて、怖く、つらく、孤独で退屈で不安な時間です。大切なあなたをおかあさんはちゃんと見ていてあげる、というふうにすると非常に安心します。乳幼児期は、おかあさんと一緒の部屋で、すぐ隣で寝るのがいいのです。そうすると、自分はおかあさんに大切にされている、愛されている、という感情がしっかりと育ちます。

75

嫌いな食べ物は無理に食べさせなくていいのです

偏食をなぜか我々は悪いことだと思う傾向にあります。子どものお弁当に栄養があるからといって、嫌いな食べ物を入れてあげるのは過剰干渉です。

あれこれ食べられないものがあってもいいです。なんでも食べて太りすぎたり、不健康でいる人より、はるかにいい。

76

赤ちゃん返りは思うようにさせてあげましょう

欲求不満の表現の仕方に赤ちゃんと同じようなことをしたがる〝赤ちゃん返り〟があります。この赤ちゃん返りを思うようにさせてもらえないと攻撃的になります。地団駄を踏んで物を壊したり、下の子をいじめたりします。欲求不満というのは、どこかで何かの方法で解消されなければならない仕組みになっています。年齢が小さければ小さいほど軽くてすみます。

77

真ん中の子ほどかわいがってあげてください

親はどの子も大切に思っているのですが、どうしても上の子には期待を持ち、下の子をかわいがる傾向にあります。ところが真ん中の子には、そうしたメリハリがあまりありません。どちらかといえば〝その他〟、〝エトセトラ〟に近い感じです。真ん中の子には、とくに気をつけなければいけません。その子が望むことを一生懸命してあげることです。

78

忘れ物の多い子をしかっても効果はありません

「忘れ物をしないように」といくら注意しても効き目はありません。忘れ物の棒グラフを教室に提示しても、いくらかは少なくなりますが、本質的な解決法にはならないでしょうね。問題解決にならないようなことをしてお互いがギスギス窮屈になるなんて不毛なことです。忘れ物に焦点を絞って申し上げれば、とにかく親はいらいらせずに子どもと一緒に時間割や宿題や持ち物の準備をしてあげたらよいでしょう。

79

忘れ物もふつう程度ならいいのです

血圧は高すぎても低すぎても要注意です。血糖値やコレステロールなどもそうですが、私たちは平均値というものを大切にしなくてはいけないと思います。

どれくらいであれば忘れ物が多いのか少ないのかということは、平均値を考えればいいと思います。いつの時代でも大人は子どもや若者に対して、自分たちの頃より現在の子どものほうが至らないと思いがちです。

80

子どもと一緒にいていらいらしたら誰かに伝えて発散してください

おかあさんが、どうしても、子どもを受け入れられなくなったら、おかあさん自身が受け入れてもらえるところに行って、心理的な余裕を蓄えてくることです。子どもに受け入れてもらおうなんて思ってはいけません。

小さい子どもに感情をぶつけては、しつけになりませんから。子どもを持つ親として、自分がどれくらい人間関係を持っているかをときどき点検する必要があるでしょう。

81

子どもの要求はできるだけ聞いてあげてください

普段から親にたくさん受け入れられている子は、親の言うことも受け入れます。受け入れる、受け入れられるというのは相互関係です。おもちゃ屋さんの前で、買ってくれ買ってくれと駄々をこねている子や、混んでいる電車のなかで座りたいと泣きわめいている子がいますが、この子の親ごさんは日常生活のなかで子どもの希望を手作りでかなえてあげることが足りないんだな、といつも思います。

82

おねしょは
気にしなくていい。
いつもどおりにたんたんと

排せつに失敗した場合、おかあさんは不快な態度を取らないことが大切です。何ごともなかったように、世話をしてあげることです。ウンチも、オシッコも健康なものですし、自然なものなのです。おねしょは、眠っているときの無意識の行動ですから、親が何か言っても無意味なのです。おかあさんは何ごともなかったようにたんたんと着替えを手伝ってやり、布団やシーツを取り替えてあげることが大切です。心に十分な安らぎを与えながら就床させることは、夜尿の予防や治療に最も効果が大きいともいわれます。

83

その子のよいところはどこかいつも伝えてあげてください

すぐれた教育というのは弱点や欠点を直すことではないのです。よい面を伸ばしてあげるということです。

よいところを探し、子どもに気づかせてあげることを心がけてみてください。

84

子育てにおいても現状維持は時に素晴らしいプランです

事態をこれ以上悪くさせないことにも一定の努力が必要です。だから、現状維持も時として素晴らしいのです。

理想的な親、理想的な育児、というものはあり得ません。

しかし、理想を求めて努力し続けることが理想的なやり方といえるかもしれません。

85

しつけはほどほどに。自主性を信じること

しつけというのは、親や社会が期待する行動を、子どもの自尊心を傷つけることなく、自主的に習慣的にとれるように導いてやることだと思います。

したがって、何ごとも子どものプライドを踏みにじりながら無理やり教え込んでいくやり方は、子どもに反抗、怒り、攻撃、不信など欲求不満の感情を募らせるばかりです。

86

正しいことを教えるのではなく、子どもの言うことを聞くこと

正しいことをたくさん子どもに伝えればいい子になるかというと、そうではありません。子どもの言うことをよく聞いてあげてこそ、子どもはよく育ちます。

幼児でも自分の欲求が受け入れられている子は、幼いなりに他の子を受け入れることができます。

87

ほめるのも
しかるのも
ほどほどが肝心です

子どもはほめて育てればいいと単純に言いますが、ほめすぎるのもよくないのです。なぜかというと、おおげさにほめると、その裏返しとして、そうしないとしかられるのだと子どもは感じるわけですから。ほめられることでしか行動できなくなってしまう。やはり顔色を見ることになります。

しかりすぎない、そしてほめすぎないということです。ほどほどにほめる。ほどほどに注意する。このことは大切なことです。

子どもの自尊心を傷つけるしかり方は、敵意、憎しみ、劣等感を植えつけるだけです。

88

しかる時は親の役割分担を意識してください

おかあさんは感情的にこまごましたことを注意しがちですが、こうした時におとうさんも輪をかけてしかることはよくありません。子どもを、ますます袋小路に追いつめてしまうからです。おとうさんがしかっている時は、おかあさんは子どもを救済してあげようという姿勢が必要です。救済するというのは、しかられるのは当たり前だけど救ってあげようという心情です。夫婦は普段から役割分担をもうしあわせておくとよいでしょう。

89

子どもは親の言うことを聞かないと心得てください

子どもは口うるさい親の言うことは聞きません。

子どもは本質的に親の言うことは聞きませんが、親のすることは真似て育ちます。

子育ては不言実行が最高です。

90

人を信じる子どもしかしかることはできません

しかって教育できる子どもは、基本的に人を信じている子どもだけです。

人に不信感を持っている子どもをしかることはできません。普段から話をきいてもらったり、願いをかなえてもらったりしている子どもは、親に信頼感を持っていますから、しかられても屈辱を感じませんし、プライドが傷つかないのです。

91

子どもに合った学校の先生を選ぶことも時には大切です

先生は指導者という名のもとに、正しいことを教えすぎていることがあります。薬にも適量があるように、与えすぎて副作用の弊害を起こすことを知らなければなりません。

患者が病院や医師を選べるように、子どもたちも学校の先生を選んでもよいと思います。

92

発達障がいの子どもとどう接するのがいいか

この子たちを注意なさるのはけっこうですが、しからないでください。こんなことをしてはだめでしょ、こうするのです、そういうことはきちんとおっしゃってください。大切なのはしからないということです。

私たちだって、それぞれどうにもできないことをしかられたら、と想像してみてください。

93

自閉症の子どもも、ダウン症の子どもとどう接するのがいいのか

自閉症の子どもの場合には、意味がはっきりわかるようなコミュニケーションをする。ダウン症の子どもの場合には気持ちが通じ合えるようなコミュニケーションを大切に。自閉症の子どもたちとは、意味がはっきり共有しあえなければ、意志の交換ができません。意志の交換ができなければ、心の交流などできません。不安や苦痛を感じますから。

94

子どもができるまで待つこと。そのために親は忍耐してください

子どもの発達を待つという養育態度を保つためには、忍耐力が必要です。そのためには、養育をする中心的な大人をひとりにして孤立させてしまわないことです。孤立すると、人はどうしても感情的に行動したり、育児をはじめさまざまな行為が機械的になりやすくなります。

ですから、子育ての最中にある両親は、雑談も含めて対話をたくさんする事が必要ですし、近所に親しいつきあいのできる人をできるだけ多く持つことも大切です。

家族ぐるみでつきあうことのできる人たちを近所に持つことは、親の精神保健にも大切なことですが、子どもが年齢相応の社会性を身につけるために、きわめて有意義なことです。

子どもが幼児期から小学生の頃に、よい友達を得るために、大きな効用があるからです。

95

夫婦や家族、子どもにかかわる人たちでじょうずに役割をにないましょう

私は自分の妻を心から大切にしたいと思っています。自分に何かあった時、また普段の自分を一番生きやすくしてくれているのが妻だからです。当然私も妻が最も生きやすいように、可能な限りいろいろなことを考えています。

彼女が苦手なことは、得意でなくても私がするように心が

けています。授業参観や三者面談や父母会などで学校へ出向く場合など、先生から苦情があると予想されれば気が重いですね。そういう時は、なるべく私が行きました。

そうでなくても都合のつく限り、私が行きました。家庭の中では妻が多くの時間を子どもと接していますから、外のところでは私が役目を果たそうという気持ちでした。

毎日の小さな困難は家庭内で妻が解決していることが多いので、外で困難が予想されることは私がしようということです。

それぞれが苦手なことをカバーしあってできればいいですね。

96

子どもが育つ家族は、安らぎ、くつろぎ、憩いの場です

子どもにとって家族とは、どんな意味があり役割を持つものなのでしょうか。〝家族の絆〟という言葉がありますが、家族というのは子どもだけでなく、家族を構成するメンバー各々が絆としての役割をしっかり持ち合いながら、安らぎ、くつろぎ、憩いの場をお互いに提供しあうものなのです。

次に、これは特に子どもにとってですが、人間関係のあり方を最初に学ぶ場所として家族があると思います。相手の人

との社会的な関係は、まず家族の間で学ぶものであるということです。

さらに、生き方の基盤を教えられるのも家庭であり、家族なのです。その基盤の上に、その後は教師に学ぶとか、書物や歴史上の人物から学ぶというようにしていきますが、まずは親から、生き方の基本、理念、理想、思想みたいなものを学ぶのです。

そのような様々なことを、どのくらい豊かに子どもたちに与えられるかが、よい家族よい家庭であるかどうかを決めることになると思うのです。

97

仕事などで子どもと接する時間が少なくても心配いりません

おかあさんが子どもと接する時間が足りないから、子どもがうまく育たないということはないということです。大切なことは、子どもと触れあっている時です。

子どもと向かいあっている時に、子どもの望む親であるということです。「おかあさんがくたびれていることをわかってちょうだい」という態度が子どもに伝わり過ぎてしまったのでは、働くおかあさんとしてはやはり問題です。働いていることを幼い子どもに対してする言い訳にしてはいけないと思います。この基本的な姿だけ保っていれば、子どもにとってたいしてマイナスとはなりません。

98

保護者と教育者の心得は似て非なるものです

子どもは教育者を求めているのではありません。特に先生と呼ばれる職業の人たちは注意しなければなりません。

私自身、絶対に医者の顔をして帰らないようにしていました。聴診器など、決してうちへ持って帰りません。白衣を着ている写真などまずうちには置きませんでした。子どもが病気をした時も、自分でできる程度のことであっても自分で治療をしませんでした。子どもが小さいうちは父親でありたいと思いました。

うちに帰ったら父親なのです。

99

社会に開かれた家族が子育てのきほんです

子どもたちにとって、家族のあり方はとても大切になってきています。まず、親自身の人間関係のあり方が、量的にも質的にもどういうものであるかということが、子どもの生育に大きな意味を持つことになります。

家族も生きものですから、絶えず成長しているわけですが、精神的に健康な家族というのは、近所の人たち、友人の家族をはじめ、多くの人々とのコミュニケーションを通して、家族自体の成長に必要な精神的エネルギーを得ているのです。

心のエネルギーというのは、人間関係の中で最も効果的に得られるのです。

100

子どもを育てるということは
あらゆるものの中で
最高に価値の高いこと

人は自分が誰かのために役だっているという実感がなければ、幸福には生きられないのです。自分の幸福だけを追求しても絶対に幸福にはなれないのです。どんな快適な場所を求めても、困難を避けて生きても、真の喜びに出会えることはないのです。

みなさんは今どんな困難を納得して引き受けようと思っていらっしゃいますか。どういう努力の中に生きがいを見出すことができますか。

子どもを育てるということは、あらゆるものの中で最高に価値の高いことです。

私はそう思っています。

どんな時も、子どもから目を離さず、耳を傾けてあげてください

保育園なんかで保育士さんたちが「何歳くらいになったらしつけをやっていいんだろう」とおっしゃいます。

それは年齢じゃないんですよ。母性性が十分に与えられた子どもに、しつけが始められるんです。母性性が働いていな

い子どもをしつけることは、どんなことがあってもできません。

保育園に来て、保育士さんの関心をひとりじめしようとする子がいます。本当に増えてきました。おかあさんの代わりを保育士さんに求めているのです。自分の方だけを向いてもらおうとします。そうすると子どもたちはどうするかというと、保育士さんたちが一番嫌がることをわざとやってしまうんです。注意獲得行動というんですが、保育士さんはどうしてもそちらに気をとられざるを得ない。〝こっち見て行動〟。不幸なことですよ。

そういう子どもにしつけなんかしてもうまくいかないことを保育者は知っています。ますますエスカレートするだけですから。だからそういう子どもには、こっちからこうしてほしいということを伝える前に、やらなければならないことがあるのです。

「どうしてほしいの？」と聞いてあげてください。繰り返し繰り返し何日も。

「何をしてほしいの？」ということを十分聞いてあげてから、こちらのこうしてほしいことを伝えます。だから母性性の後に、父性性という順序がある。子どもたちは「そのままでいいよ」と認められた後に初めて、しつけられて身につくんです。

子どもたちは、自分はどうするべきか、ということを感じます。子どもはみんな、いろいろなことができるようになりたいと思っていますから。保育園に行けば、保育士さんの手伝いをできるようにとか、いい子だってほめられるようにとか。みんな思っているんです。

本書は、子育て協会の以下の会報誌や講演録、
カレンダー、メッセージカードなどをもとに編集いたしました。
『人間関係の基礎知識』
『家族のしあわせ基礎知識』
『子育ての基礎知識』
『佐々木ノート　そのままでいいんだよ～相田みつをさんの書から～』
『コミュニケーションがうまくいかない子どもたち』
『ことばの森』
『ことばに励まされて』
『またあした遊ぼうね、といえる子に』

佐々木正美

（ささき・まさみ）

児童精神科医。1935年、群馬県生まれ。2017年没。新潟大学医学部卒業。ブリティッシュ・コロンビア大学児童精神科、東京大学精神科、東京女子医科大学小児科、小児療育相談センターなどを経て、川崎医療福祉大学特任教授。臨床医としての活動のみならず、地域の親子との学び合いにも力を注いだ。専門は児童青年精神医学、ライフサイクル精神保健、自閉症治療教育プログラム「TEACCH」研究。糸賀一雄記念賞、保健文化賞、朝日社会福祉賞、エリック・ショプラー生涯業績賞などを受賞。『子どもへのまなざし』（福音館書店）、『子どもの心の育てかた』（河出書房新社）、『子育てのきほん』（ポプラ社）など育児、障害児療育に関する著書多数。

100%ORANGE

（ひゃくぱーせんとおれんじ）

及川賢治と竹内繭子の二人組。イラストレーション、絵本、漫画、アニメーションなど多方面で活躍している。『よしおくんがぎゅうにゅうをこぼしてしまったおはなし』（岩崎書店）で第13回日本絵本賞大賞を受賞。その他の絵本作品に『ねこのセーター』（文渓堂）、漫画作品に『SUNAO SUNAO』（平凡社／全4巻）などがある。育児雑誌「母の友」（福音館書店）の挿画を担当している。

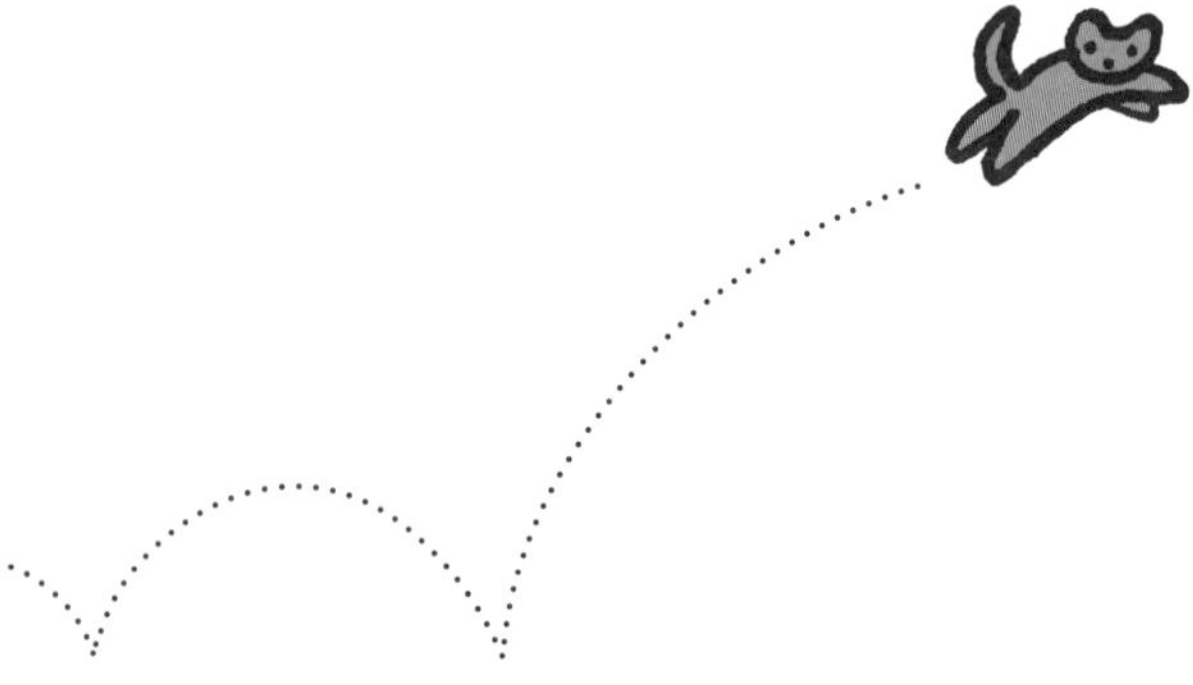

子どもが喜ぶことだけすればいい

2021年1月18日　第一刷発行
2023年2月7日　第三刷

著　者　佐々木正美
絵　100%ORANGE
ブックデザイン　bookwall
発行者　千葉 均
編　集　辻 敦
発行所　株式会社ポプラ社
〒102-8519
東京都千代田区麹町4-2-6
住友不動産麹町ファーストビル　8・9F
一般書ホームページ　www.webasta.jp
印刷・製本　中央精版印刷株式会社

ISBN978-4-591-16894-3　N.D.C.379　196P　18cm
Printed in Japan

P8008318

佐々木正美さんの本

『子育てのきほん』

佐々木正美
絵 100%ORANGE

没後も愛され続ける児童精神科医が、あたたかなまなざしでつづる、子どもの心とからだの発達のために大切なことをまとめたメッセージブック。

『子どもの心はどう育つのか』

佐々木正美

誰よりも子どもに寄り添った名医が、「生きづらさ」の本質を語る。不登校、ひきこもり、うつ、摂食障害などの生きづらさは、心の発達課題が鍵となる。